BEI GRIN MACHT SICH IHR WISSEN BEZAHLT

- Wir veröffentlichen Ihre Hausarbeit, Bachelor- und Masterarbeit
- Ihr eigenes eBook und Buch - weltweit in allen wichtigen Shops
- Verdienen Sie an jedem Verkauf

Jetzt bei www.GRIN.com hochladen und kostenlos publizieren

Lisa Heinze

Das Internet und die politische Partizipation

GRIN Verlag

Bibliografische Information der Deutschen Nationalbibliothek:

Die Deutsche Bibliothek verzeichnet diese Publikation in der Deutschen Nationalbibliografie; detaillierte bibliografische Daten sind im Internet über http://dnb.d-nb.de/ abrufbar.

Dieses Werk sowie alle darin enthaltenen einzelnen Beiträge und Abbildungen sind urheberrechtlich geschützt. Jede Verwertung, die nicht ausdrücklich vom Urheberrechtsschutz zugelassen ist, bedarf der vorherigen Zustimmung des Verlages. Das gilt insbesondere für Vervielfältigungen, Bearbeitungen, Übersetzungen, Mikroverfilmungen, Auswertungen durch Datenbanken und für die Einspeicherung und Verarbeitung in elektronische Systeme. Alle Rechte, auch die des auszugsweisen Nachdrucks, der fotomechanischen Wiedergabe (einschließlich Mikrokopie) sowie der Auswertung durch Datenbanken oder ähnliche Einrichtungen, vorbehalten.

Impressum:

Copyright © 2011 GRIN Verlag GmbH
Druck und Bindung: Books on Demand GmbH, Norderstedt Germany
ISBN: 978-3-656-35946-3

Dieses Buch bei GRIN:

http://www.grin.com/de/e-book/201884/das-internet-und-die-politische-partizipation

GRIN - Your knowledge has value

Der GRIN Verlag publiziert seit 1998 wissenschaftliche Arbeiten von Studenten, Hochschullehrern und anderen Akademikern als eBook und gedrucktes Buch. Die Verlagswebsite www.grin.com ist die ideale Plattform zur Veröffentlichung von Hausarbeiten, Abschlussarbeiten, wissenschaftlichen Aufsätzen, Dissertationen und Fachbüchern.

Besuchen Sie uns im Internet:

http://www.grin.com/

http://www.facebook.com/grincom

http://www.twitter.com/grin_com

Inhaltsverzeichnis

1. Einleitung und Hinführung zum Thema 2
2. Politische Partizipation 2
3. Politikverdrossenheit 3
4. Medien 4
   - 4.1. Funktionen 4
   - 4.2. Medienvergleich 5
   - 4.3. Internetrevolution 6
5. Aktive Partizipation im Internet 7
   - 5.1. Online-Wahlen 8
   - 5.2. Online-Wahlkampagne 10
   - 5.3. Online-Proteste durch Facebook und Twitter 11
   - 5.4. Online-Foren 13
   - 5.5 Chancen und Gefahren 13
7. Fazit 14
8. Literaturverzeichnis 15

1. Einleitung und Hinführung zum Thema

Wir leben heute in einer global vernetzen Welt. Besonders in meiner Generation ist das Internet nicht mehr wegzudenken. Es hat in den letzten Jahren eine immer größere Bedeutung im alltäglichen Leben bekommen. Laut einer ARD/ZDF-Onlinestudie von 2010 sind 69,4% (49 Million) der deutschen Bevölkerung im Internet aktiv.[1] Gleichzeitig entstand eine immer größer werdende Politikverdrossenheit im Lande. In diesem Zusammenhang finde ich die Frage, ob das Internet zu einer Steigerung der politischen Partizipation beitragen kann, bedeutend und sehr interessant.

Im Folgenden werde ich zunächst die grundlegenden Begriffe klären und über Partizipation im Internet sprechen.

2. Politische Partizipation

Der Begriff Partizipation kommt aus dem Lateinischen und bedeutet Teilhabe. Bei der politischen Partizipation geht es um die Teilhabe der Bürger an dem Willensbildungsprozess.[2] In einer partizipativen Demokratie, wie wir sie in Deutschland haben, ist die Demokratie durch die Volkssouveränität (Selbstbestimmung) der Bürger legitimiert.[3] Die Teilhabe spiegelt sich in Wahlen und allen legalen Aktivitäten in den Parteien[4] sowie legalen Demonstrationen und sozialen Bewegungen wieder.[5]

Die Gefahr besteht aber, da die Institutionen der liberalen Demokratie hierfür wenige Chancen bieten und daraus sich politische Apathie und Politikverdrossenheit bilden.

---

[1]Vgl. heise online, URL: http://www.heise.de/newsticker/meldung/Studie-Fast-50-Millionen-Internetnutzer-in-Deutschland-1058419.html (Stand: 13.08.2010, MEZ 11.29, Abfrage: 25.03.2011, MEZ 22.03).
[2]Vgl. Bundeszentrale für politische Bildung: Lexikon. Partizipation, URL: http://www.bpb.de/popup/popup_lemmata.html?guid=XV4ZZA (Stand: 2006, Abfrage: 25.03.2011, MEZ 22.04).
[3]Vgl.Zittel, Thomas: Partizipative Demokratie, in: Fuchs, Dieter (Hrsg.); Roller, Edeltraud: Lexikon Politik. Hundert Grundbegriffe, PhilippReclam jun. GmBH& CO KG, Stuttgart 2009, S.202.
[4]Vgl. Gabriel, Oscar W.: Politische Partizipation, in: Fuchs, Dieter (Hrsg.); Roller, Edeltraud: Lexikon Politik. Hundert Grundbegriffe, PhilippReclam jun. GmBH& CO KG, Stuttgart 2009, S.224.
[5]Vgl. Ebd., S. 225-226.

3. Politikverdrossenheit

Bis zu einem gewissen Grad sind die Bürger von Natur aus politisch interessiert, da die politischen Maßnahmen ihr tägliches Leben beeinflussen. Den Rahmen bilden die Gesetze der Bürger im täglichen Leben.

Jedoch entwickelte sich in den letzten Jahren eine Ablehnung und Entfremdung der Bürger gegenüber der Politik und den Parteien. Diese Erscheinung nennt man Politik- bzw. Parteienverdrossenheit. Sie wird verursacht durch eine vermehrte Unzufriedenheit über die Situation im Lande. Gründe dafür können Korruption, Lobbyismus, nicht realisierte Wahlversprechen sowie die geringe bis fehlende Mitbestimmung bei politischen Entscheidungen sein. Die Politikverdrossenheit ist eine Reaktion auf das empfundene Fehlverhalten der Politiker. Es äußerst sich in Misstrauen, Enttäuschung, Zerfall von Parteibindungen und politischer Apathie. Es kommt zu sinkender Wahlbeteiligung (vgl. Abbildung 1), Wahlentscheidung auf Rechtsparteien bzw. Oppositionsparteien (z.B. die Grünen bei der Landtagswahl 2011 in Baden-Württemberg und Rheinland-Pfalz[6]) und sinkendem Engagement in den Parteien.[7]

Wenn Politikverdrossenheit sich entwickelt, verlagert sich das natürliche Interesse in den privaten Bereich, der weitgehend dadurch bestimmt wird, sich über das Medium Internet zu artikulieren und mit Hilfe des Internets zu informieren. Politikverdrossenheit macht die Menschen nicht unpolitisch, sondern öffentlich weniger aktiv.

---

[6]Vgl.Kade, Claudia: Wahl-GAU für Merkel - Grüne triumphieren, in: Financial Times Deutschland, G+J Wirtschaftsmedien GmBH& Co. KG, Hamburg 28.03.2011, S.1.
[7]Vgl. Rödiger, Björn: „Politikverdrossenheit´´ - Definition, Erscheinungsformen und Operationalisierung., URL:
http://www.eilfort.de/downloads/FB_WS2004_Paper_Operationalisierung_Politikverdrossenheit.doc, (Stand: 09.01.2004, Abfrage 24.03.2011, MEZ 21.29 Uhr).

4. Medien

Das Wort Medien ist ein Oberbegriff für alle Methoden die Informationen, Nachrichten, Bilder, etc. verbreiten. Die Mittel sind meist audiovisuell. Die Presse, der Rundfunk und das Internet gehören zu den Massenmedien.[8]

4.1. Funktionen

Die Medien haben vier wesentliche Funktionen. Die Informations- und Artikulationsfunktion bedingen sich untereinander. Die Medien unterliegen dem Gebot der objektiven und vollständigen Berichterstattung. Sie berichten über das öffentliche Geschehen und machen politische, soziale, wirtschaftliche und kulturelle Prozesse verständlich. Des Weiteren legen sie unterschiedliche Ansichten dar. Dies ist eine Grundlage, um politisch zu partizipieren. Dieser Aspekt führt zur Artikulationsfunktion. Die Darstellungsweise der verschiedenen Intentionen soll dazu führen, dass sich der Bürger sein eigenes Urteil über den politischen Sachverhalt bilden kann. Aus der Meinungsbildung können die Bürger politische und gesellschaftliche Fehlentwicklungen kritisieren und dadurch kontrollieren. Das ist die dritte Funktion, die Kritik- und Kontrollfunktion. Durch diese unterstützen sie die Opposition darin die Regierung zu kontrollieren und zu kritisieren.

Medien haben eine gewisse Macht. Sie steuern, welche Themen wann veröffentlicht werden und beeinflussen somit die Meinung und die Wahrnehmung. Die Dringlichkeit der Thematik und über welche Themen nachgedacht werden soll, wird auf diese Weise bestimmt. Diese Funktion nennt man Thematisierungsfunktion. Dazu gehören auch die Leitmedien. Diese sind die *Hauptbestimmer*, da andere Medien sich danach richten und diese Themen auch aufgreifen (z.B. Stern, Fernsehen, Bildzeitung, etc.).[9]

---

[8]Vgl. Bundeszentrale für politische Bildung: Lexikon. Medien, URL: http://www.bpb.de/popup/popup_lemmata.html?guid=r009c6 (Stand: 2006, Abfrage: 27.03.2011, MEZ 13.16).
[9]Vgl. Langhans, Ingo; Prochnow, Stefan: Demokratie und sozialer Rechtsstaat, Ernst Klett Verlag, Stuttgart 2010, S. 24.

4.2. Medienvergleich

Die Massenmedien lassen sich in verschiedene Formen unterteilen. Zu der Presse gehören Zeitungen und Zeitschriften und zum Rundfunk gehören Radio und Fernsehen. Zum Internet gehören das World Wide Web, E-Mail, Usenet, Chat und viele mehr.

Im weiteren Verlauf der Arbeit werde ich mich auf das „www" konzentrieren, da dieses die größte Bedeutung im Hinblick auf Partizipation hat. Des Weiteren die drei Kommunikationswege, die ich aufgreifen werde.

Im Medienvergleich erkennt man das Potenzial des Internets. Die Kommunikation ist nicht mehr nur *one-to-many* möglich, sondern auch *one-to-one* und *many-to-many*. Die Transparenz ist zwischen dem Bieter und dem Konsumenten hoch. Jeder kann entscheiden, ob er Konsument oder Anbieter ist. Es ist ein freies Medium. Somit hat jeder eine Beteiligungschance. Die Partizipation ist grundlegend gegeben im Gegensatz zu Presse und Rundfunk. Bei den Medien Presse und Rundfunk läuft die Kommunikation one-to-many und der Bürger hat nicht die Aufgabe zu antworten, sondern wird nur informiert (vgl. Funktionen). Die Verbreitungsgeschwindigkeit ist bei Rundfunk und dem Internet gleich hoch, jedoch geschieht die Aktualisierung im Internet permanent und im Rundfunk periodisch. Die Nutzer können nur beim Internet die Vervielfältigung und Weiterbearbeitung vornehmen. In den anderen zwei Massenmedien gestalten sich diese sehr aufwendig. Das Kriterium, indem sich die Medien am meisten unterscheiden, ist die Reichweite. Die Presse erreicht die Bürger regional sowie national. Der Rundfunk hat eine Reichweite von regional bis international. Das Internet ist durch die weltweite Vernetzung global von allen Menschen (mit Internetzugang) zu nutzen. [10]

---

[10] Vgl. Neuberger, Christoph; Nuernbergk, Christian; Rischke, Melanie (Hrsg.): Journalismus im Internet. Profession - Partizipation - Technisierung, VS Verlag für Sozialwissenschaften, Wiesbaden 2009, S. 25-26.

4.3. Internetrevolution

Der Begriff Internet bedeutet *Interconnected Networks*. Es ist der weltgrößte Netzverbund. Es besteht aus einem dezentralen Netzwerk, das wiederum aus vielen kleinen zentralen Netzwerken zusammengesetzt ist. Zugang zum Internet bekommt man z.b. durch ein Modem. [11]

1957 kam es in den USA zu ersten Entwicklungen. Das Kommunikationsmittel E-Mail wurde erstmals 1965 eingesetzt. Es steht für die *one-to-one* Kommunikation zwischen zwei Nutzern. Die Geburt des Internets lässt sich in dem Jahre 1971 datieren. ARPAnet (einem Projekt der „Advanced Reasearch Projekt Agency" des Verteidigungsministeriums der USA) wurde mit Satelliten, Funknetzen und Ethernet verbunden. Ab 1985 wurden massenhaft Computer verkauft. Dies bringt eine wichtige Voraussetzung zur Nutzung des Internets. Tim Berners-Lee stellt ein Hypertextsystem ins Internet (1991). Das World Wide Web wurde erfunden. Nun konnte man Media-Anwendungen und Onlinedienste bereitstellen und nutzen. Die Beliebtheit des Internets wuchs mit der Einführung zwei Browsern. Es wurde der breiten Masse zugänglich gemacht. [12][13]Die Revolution beginnt. Heutzutage gibt es fast 50 Millionen Internetuser in Deutschland.[14]

Ein Fünftel der Weltbevölkerung hat einen Zugang zum Internet. Die Wachstumsrate beträgt jährlich 6,6%. Noch nicht alle können sich im World Wide Web aufhalten. Es entsteht eine Kluft zwischen Personen mit Internetzugang und Personen ohne. Dieses Phänomen nennt man *Digital Gap* oder auch *Digital Divide*.[15] Trotz dessen, dass nur rund ein Fünftel Zugang haben, beherrscht das Internet in den westlichen Ländern das tägliche Leben. Schüler ohne Möglichkeit ins „www" zu gelangen, können

---

[11]Vgl. seo-united.de: Internet, URL: http://www.seo-united.de/glossar/internet/ (Stand: o.A., Abfrage: 31.03.2011, MEZ 22.21).
[12]Vgl. Möller, Erik: Die heimliche Medienrevolution. Wie Weblogs, Wikis und freie Software die Welt verändern, Heise Zeitschriften Verlag GmbH & Co KG, Hannover 2006 (2.Auflage), S.53.
[13]Vgl. Ein Online-Internet-Kurs mit Glossar: Internet-Historie, URL: http://www.www-kurs.de/historie.htm (Stand: 02.12.2006, Abfrage: 31.03.2011, MEZ 22.40).
[14]Vgl.heise online, URL: http://www.heise.de/newsticker/meldung/Studie-Fast-50-Millionen-Internetnutzer-in-Deutschland-1058419.html (Stand: 13.08.2010, MEZ 11.29, Abfrage: 25.03.2011, MEZ 22.03).
[15]Vgl. Hvoestädt, Dagmar: Die Internet-Revolution, URL: http://www.bpb.de/themen/72DLZY,0,Die_InternetRevolution.html (Stand. o.A., Abfrage: 26.03.2011, MEZ 11.39).

manche Recherche nicht durchführen oder sogar in diesem Falle keine Facharbeit mit genügend aktuellen Quellen anfertigen. Um die Jahrhundertwende wurde von einer Zeitungskrise gesprochen. Mehrere Verlage mussten zusammengelegt werden, kleine Verlage mussten aufgeben.[16] In Zeiten des Internets liest man lieber kostenlos über die aktuellen Geschehnisse als in der zu bezahlenden Zeitung.

Abschließend lässt sich sagen, dass das Internet innerhalb von kürzester Zeit eine große Macht bekommen hat und im heutigen Leben kaum noch wegzudenken ist.

5. Aktive Partizipation im Internet

Anhand des Politikzyklus sieht man, dass die Beteiligung des Wahlvolkes nur in den ersten zwei Phasen (Themensetzung und Politikformulierung) der insgesamt vier Phasen (Politikimplementation und Politikbewertung) stattfindet. Jedoch beschränkt sich das Partizipieren auf die Wahl der Vertreter im Parlament und „gelegentliche Bestimmung von politischen Themen". [17] Die anderen Beteiligungschancen sind eng an politische Institutionen gebunden.[18] Durch das Internet könnte sich eine weitere Beteiligungschance eröffnen.

Bei der Online-Studie von ARD und ZDF gaben 58% der Befragten an, im Internet Inhalte zu aktuellen Nachrichten zu nutzen.[19] Die E-Demokratie (Elektronische Demokratie) ist die dritte Säule bei „der Nutzung der neuen Informations- und Kommunikationstechnologie."[20]

---

[16]Vgl.Dr. Kurp, Matthias: Zwischenbilanz der Zeitungskrise. Zunehmende Pressekonzentrationen & redaktionelles Outsourcing URL:
http://www.medienmaerkte.de/artikel/print/041710_zeitungskonzentration.html (Stand: 17.10.2004, Anfrage: 03.04.2011, MEZ 16:56).
[17]Bieber, Christoph: "Entdecke die Möglichkeiten." E-Partizipation: Mitmach-Politik im Internet?, politik-digital.de, URL: http://politik-digital.de/archiv/edemocracy/e-partizipation.shtml (Stand: 2010, Abfrage: 26.02.2011 MEZ 20.03).
[18]Bieber, Christoph: "Entdecke die Möglichkeiten." E-Partizipation: Mitmach-Politik im Internet?, politik-digital.de, URL: http://politik-digital.de/archiv/edemocracy/e-partizipation.shtml (Stand: 2010, Abfrage: 26.02.2011 MEZ 20.03).
[19]Vgl. ard-zdf-onlinestudie.de: Genutzte Onlineinhalte 2005 bis 2010, URL: http://www.ard-zdf-onlinestudie.de/index.php?id=onlinenutzunginhalt (Stand: 2010, Abfrage: 26.03.2011 MEZ 17.29).
[20] Kersting, Norbert: Online-Wahlen im internationalen Vergleich, URL:
http://www.bpb.de/publikationen/5T5OEL,0,0,OnlineWahlen_im_internationalen_Vergleich.html (Stand: 2004, Abfrage: 25.03.2011, MEZ 22.30).

Das World Wide Web lässt sich für politische besonders partizipative Zwecke nutzen.

Im Folgenden stelle ich die Online-Wahlen, die Online-Wahlkampagne, die Online-Demonstration und die Online-Foren vor. Vermehrt werde ich auf Facebook und Twitter eingehen, da diese Internetseiten große Bedeutung im Hinblick auf politische Partizipation und ihre Umsetzung haben.

5.1. Online-Wahlen

In der Diskussion um die E-Demokratie und eine Erhöhung der politischen Partizipation sind die Online-Wahlen im Gespräch. Durch sie können mehr Abstimmungen stattfinden und würden so zu einer direkteren Demokratie führen (im Gegensatz zu einer rein indirekten Demokratie).[21] Die Wahlergebnisse liegen schneller und exakter vor. Außerdem würde es eine erhebliche Kosteneinsparung geben. Es müssten keine Wahllokale mehr betrieben werden und die Kosten für die Wahlhelfer werden eingespart. Die Computerindustrie hat auch ein starkes kommerzielles Interesse an den Online-Wahlen.Technologien wüden entwickelt und bereitgestellt werden, was zu Einnahmen führen würde.[22] Hinzuzufügen ist, dass das Internet zur „Ergänzung und […] Vorbereitung von Wahlen […] wichtige Möglichkeiten der Information" bietet.[23]

Jedoch gibt es Bedenken hinsichtlich der Online-Wahlen. Es fehlt die gesellschaftliche Grundlage. Das bedeutet, dass nicht jeder Bürger einen Computer besitzt oder Zugang zum Internet hat. Dies entspricht nicht den Wahlprinzipen von einer allgemeinen, freien, gleichen und geheimen Wahl. Es könnte gegen das Prinzip der Öffentlichkeit in der Demokratie verstoßen[24] und zu einem Verlust der demokratischen Identität und eines

---

[21]Vgl.Hoecker, Beate: Mehr Demokratie via Internet?, in: Aus Politik und Zeitgeschichte, Bundeszentrale für politische Bildung, URL: http://www.bpb.de/files/51GR9W.pdf (Stand 30.09.2002, Abfrage: 25.03.2011, MEZ: 22.10), S. 41.
[22]Vgl. Kersting, Norbert: Online-Wahlen im internationalen Vergleich, Bundeszentrale für Politische Bildung, URL: http://www.bpb.de/publikationen/5T5OEL,0,0,OnlineWahlen_im_internationalen_Vergleich.html (Stand: o.A., Abfrage: 25.03.2011, MEZ 22.30).
[23]Wegweiser-bürgergesellschaft.de: Internetwahlen und – Abstimmungen, URL: http://www.buergergesellschaft.de/politische-teilhabe/elektronische-demokratie/internetwahlen/103398/ (Stand: o.A., Abfrage: 28.02.2011, MEZ 16.00).
[24]Vgl. Hoecker, Beate: Ebd., S.42.

Gemeinschaftsgefühls führen.[25] Es gibt keinen gemeinschaftlichen Gang zum Wahllokal, sondern jeder wählt allein zu Hause. Für die eben genannten Grundsätze der Wahl entstehen einige Umsetzungsschwierigkeiten in Form von technischen Problemen. Die Lösung der Anonymität könnte durch digitale Signaturkarten geregelt werden. Diese kamen schon im Februar 2000 in Osnabrück bei der Studierendenparlamentswahl zum Einsatz. Eine weitere Möglichkeit wären Pin- und Tan-Nummern. Jedoch wurden diese Möglichkeiten bei den Wahlen kaum genutzt. Eine mögliche Erklärung wäre hierfür das mangelnde Vertrauen in die Technik.

Wahlmotive verändern sich nicht durch die Art und Weise der Wahl, sondern durch den Grund, warum man wählen geht.[26] Die gesteigerte Wirkung lässt sich in Frage stellen. Für politisch Interessierte wird es eine weitere Möglichkeit zur Briefwahl und zum Wahlgang per Urne sein. Daraus resultiert die Befürchtung, dass es vielleicht nicht zur gewünschten Steigerung der Wahlbeteiligung kommt. Das Nicht-Wählen ist kein technisches Problem. „Die demokratische Kapazität des Internets kann kaum höher sein, als die `Offlinebereitschaft´ zu politischem Engagement", sagt der Politikwissenschaftler Claus Leggewie.[27] Hinzukommt die Gefahr der sogenannten Junk-Votes. Der Bildungsgrad bei der politischen Partizipation ist ausschlaggebend. Junk-Votes bezeichnen irrationale Wahlentscheidungen. Dies soll zwar durch die Bereitstellung von Information im Internet und Online-Foren verhindert werden, aber es wird immer einen Teil geben, der nicht ein großes politisches Interesse hat und durch die Online-Wahl einen leichteren Weg hat, ein sogenanntes Junk-Vote abzugeben. [28]

Abschließend lässt sich sagen, durch die Möglichkeit des Online-Wählens kommt es nicht zu einer Steigerung der politischen Partizipation. Es ist schlichtweg ein weiteres Instrument um zu wählen. Politisch Unbeteiligte werden dadurch nicht motiviert, wählen zu gehen. Es geht um die Gründe die

---

[25]Vgl. Kersting, Norbert.
[26]Vgl. Kersting, Norbert: Online-Wahlen im internationalen Vergleich, Bundeszentrale für Politische Bildung, URL:
http://www.bpb.de/publikationen/5T5OEL,0,0,OnlineWahlen_im_internationalen_Vergleich.html
(Stand: o.A., Abfrage: 25.03.2011, MEZ 22.30).
[27]Vgl. Hoecker, Beate: Mehr Demokratie via Internet?, in: Aus Politik und Zeitgeschichte, Bundeszentrale für politische Bildung, URL: http://www.bpb.de/files/51GR9W.pdf (Stand 30.09.2002, Abfrage: 25.03.2011, MEZ: 22.10), S. 42-43.
[28]Vgl. Kersting, Norbert: Ebd.

zu einer Wahl führen und nicht die Mittel, wie man wählen kann. Jedoch ist zu vermuten, dass sich in Zukunft vermehrt um die Entwicklung eines sicheren Wahlprozesses im Internet gekümmert wird, da diese im Vergleich zu Wahllokalen erhebliche Kosten einspart.

5.2. Online-Wahlkampagne

Das beste Beispiel für eine Online-Wahlkampagne oder den Online-Wahlkampf bietet Barack Obamas Wahlkampf im Wahljahr 2008. Er erstellte eine Homepage für seinen Wahlkampf. Dadurch hat er seine Wähler mobilisiert und es kam zu einer direkten Kommunikation zwischen seinen Wählern und ihm. Schon im Vorwahlkampf 2007 wurde YouTube mit eingebunden. Bürger luden Videos hoch in denen sie Fragen gestellt haben und diese dann im TV oder online beantwortet wurden. Das Internet wurde zu einem "Marktplatz der direkten demokratischen Kommunikation."[29] Die Bereitschaft von den Bürgern Kleinspenden zu machen, wurde erhöht (Obama 250 Millionen Spendengelder - McCain 99 Millionen). Des Weiteren wurden die Wähler dazu motiviert, auch im realen Leben mit anderen darüber zu sprechen und diese für Obama zu motivieren. Das Gemeinschaftsgefühl „online" wirkte sich auch auf das „offline" Geschehen (Mundpropaganda) aus. Bürger versuchten Obama mit unabhängigen Seiten zu überstützen.[30] Es wurden viele Freiwillige organisiert. Das Gefühl, dass man gebraucht wird, wächst dadurch im Gegensatz zu reinem konsumieren der Wahlprogramme. Man nahm Teil an dem Wahlkampf und hat somit auch partizipiert.

Jedoch ist es schwer Wähler zu erreichen, die sich nicht für Politik interessieren oder sich nicht auf politischen Seiten im Internet aufhalten.

---

[29]Hvoestädt, Dagmar: Die Internet-Revolution, URL:
http://www.bpb.de/themen/72DLZY,0,Die_InternetRevolution.html (Stand. o.A., Abfrage: 26.03.2011, MEZ 11.39).
[30]Vgl. Schenkel, Christian: Online-Wahlkampf in den USA: Obama setzt neue Massstäbe, dialogische kommunikation, URL: http://www.dialogische-kommunikation.ch/online-wahlkampf-in-den-usa-obama-setzt-neue-massstabe/ (Stand: 30. Juli 2008, Abfrage: 31.03.2011 , MEZ 15.23).

Das Konzept des Online-Wahlkampfes wurde bei den Wahlen 2005 und 2009 in Deutschland noch nicht umgesetzt. Man erkennt das Potenzial daraus noch nicht.

Abschließend ist die Online-Wahl eine gute Möglichkeit seine Wähler zu mobilisieren. Zwar erreicht es nicht alle „online", wie z.B. bei einem Werbe-Spot im Fernsehen. Doch durch die Mundpropaganda und den positiven Effekt für die Unterstützer, wird die Online-Wahl in Zukunft einen bedeutenden Anteil im Wahlkampf haben.

5.3. Online-Proteste durch Facebook und Twitter

Zunächst werde ich auf den Web-Kurznachrichtendienst Twitter und dem Sozialen Netzwerk Facebook eingehen. Twitter wurde 2006 gegründet. Auf Twitter kann man Kurznachrichten mit maximal 140 Zeichen posten. Diese kann man mit längeren Texten, Videos oder Bildern via Hyperlinks verknüpfen. Es dient dazu schnell und einfach seinen Freunden, der Familie oder der Öffentlichkeit Nachrichten zu übermitteln. „Was Twitter genau ist, hängt davon ab, was man draus macht", so wird es auf n-tv.de beschrieben.[31]

Facebook ist ein soziales Netzwerk. Mitglieder können, Gruppen beitreten, Veranstaltungen erstellen, Fotos hochladen, mit Freunden befreundet sein, und im Status posten, was sie gerade machen.[32]

Durch die sozialen Netzwerke kommt man leicht an Informationen und es erleichtert das kollektive Handeln. Es gibt kein anderes Medium, welches so schnell Nachrichten mit der Öffentlichkeit teilt wie Facebook oder Twitter. Durch das Internet kommt es zu einer Beschleunigung der Kommunikation. Dadurch wird eine Intensität und Direktheit geschaffen. Sie tragen eine wichtige Rolle bei der Organisation von Protesten und Demonstrationen bei. Der Vorgang der Organisation wird beschleunigt und Bürger können übers

---

[31] n-tv: Revolution in 140 Zeichen: Twitter wird fünf, URL: http://www.n-tv.de/ticker/Computer/Revolution-in-140-ZeichenTwitter-wird-fuenf-article2887341.html (Stand: 18.03.2011, Abfrage: 25.03.2011, MEZ 16.55).
[32] Vgl. Facebook: Facebook, URL: http://www.facebook.com/facebook?sk=info (Stand: o.A., Abfrage: 03.04.2011, MEZ 23.33).

Internet erreicht werden, die nicht unmittelbar in der Nähe des Geschehens leben oder sich damit beschäftigen (virtuelle Freunde laden virtuelle Freunde zu der Demonstration ein). Außerdem können Bilder und Videos (z.B. von Polizeigewalt) von den Protesten zeitgleich zum Protest hochgeladen werden. Bürger, die nicht dabei sind, können dies miterleben und werden aus dem neuen Informationen motiviert auch zu demonstrieren.[33]

Facebook ist eine ideale Plattform um sich an politischen Gruppen zu beteiligen. Es gibt der Jugend eine Stimme. Außerdem ermöglicht es ein Sprachrohr für Trauer, Wut, etc. (Beispiel: Loveparade 2010). Eine große Masse kann sich zu einem Thema äußern und erlangt so eine große Macht. Jedoch steigert das Internet nicht die Partizipation, es ist nur ein Zweckmittel.[34]

Es kann aber zu einer Überwindung der Zuschauerdemokratie kommen und schafft eine gewisse Art von Bürgernähe.[35] Jedoch führen Proteste, die über das Internet ausgetragen werden oder dort ihre Wurzeln finden, nicht zu einer gesteigerten Partizipation. Revolutionen wie im Beispiel in Ägypten 2011 kommen aus den Menschen heraus und werden nicht durch das Internet geschaffen.[36] Die Frage stellt sich, ob so eine Revolution auch ohne das Internet stattgefunden hätte. Das Internet verhilft lediglich dazu schneller Informationen zu verbreiten und schneller zu einer Demonstration zu kommen.

Außerdem kommen schneller größere Massen zusammen. Am Beispiel von Guttenberg kann man dies gut erkennen. Auf Facebook haben sich diverse Gruppen gebildet, die gegen den Rücktritt von Guttenberg sind. Die Gruppe „Wir wollen Guttenberg zurück" hatte nach einem Tag bereits über 330.000

---

[33] Vgl. von Rohr, Mathieu: Die Revolution, die keine war, Spiegel Online Netzwelt, URL:http://www.spiegel.de/spiegel/0,1518,742430-3,00.html (Stand: 31.01.2011, Anfrage: 20.03.2011, MEZ 14.28).
[34] Vgl.Hoffmann, D.; Kuhn J.: Loveparade: Das Netz trauert und klagt an. Wo die Wut sich Bahn bricht, sueddeutsche.de, URL: http://www.sueddeutsche.de/medien/loveparade-das-netz-trauert-und-klagt-an-wo-die-wut-sich-bahn-bricht-1.981410, (Stand: 29.07.2010, Abfrage: 24.03.2011, MEZ 23.48).
[35] Vgl. Klima, Markus S.: Evolution der Diskursmaschinen im Internet. Eine technik-genetische Fallstudie zur E-Partizipations-Software discourse-machine, Verlag: o.A., Münster 2006, S.44.
[36] Vgl. von Rohr, Mathieu: Die Revolution, die keine war, Spiegel Online Netzwelt, URL:http://www.spiegel.de/spiegel/0,1518,742430-3,00.html (Stand: 31.01.2011, Anfrage: 20.03.2011, MEZ 14.28).

Mitglieder. Sie organisierten Protest in Berlin, Köln, Hamburg und München.[37]

5.4 Online-Foren

Ein Online-Forum ist ein Stammtisch im Netz, ein Treffpunkt. Die Funktion ist das Austauschen, Diskussion und Treffen unter Personen mit gleichem Interesse. Es ist meistens an einem Thema orientiert. Die Menge „[...] dargelegte Sichtweisen und die Möglichkeit schneller, objektiver Informationsgewinnung, die Foren zu einer beliebten Kommunikationsplattform" machen. [38]

Der Austausch von Informationen treibt die Partizipation voran, da sich die Meinungen auch untereinander bilden und zusammen zu einem Entschluss führen.

5.5 Chancen und Gefahren

Das Internet hat in Bezug auf die Bürgerbeteiligung geholfen diese stärker auszuprägen und für eine direkte Kommunikation zwischen Bürgern und Repräsentanten gesorgt. Es hat den Raum der Politik ergänzt und partizipative Impulse in die Bevölkerung gebracht.[39]

Wie schon genannt, ist das **digital gap** eine große Gefahr, da es zu einer Ungleichheit in Bezug auf Informationen kommt (Information richtig - information poor). Zu dem kommt, dass man für die Medien Presse und Internet gewisse Fähigkeiten benötigt. Lesen, schreiben sowie technisches Verständnis sind Grundvoraussetzung für den Umgang mit dem Internet. Soll niemand ausgeschlossen werden, so ist die Verbreitung dieser Kompetenzen entscheidend. Im Vergleich zum Rundfunk oder Fernsehen benötigt man nur

---

[37] merkur-online.de: Facebook: Guttenberg-Fans starten Protest, URL: http://www.merkur-online.de/nachrichten/politik/facebook-guttenberg-fans-rufen-demos-1144811.html (Stand: 02.03.2011, Abfrage: 03.04.2011, MEZ 16.03).
[38] Lebensverdienst.de: Foren und Chats, URL: http://www.lebensverdienst.de/foren/ (Stand: o.A., Abfrage: 03.04.2011, MEZ 13.58).
[39] Jansen, Daniel; Plake, Klaus; Schumacher, Birgit: Öffentlichkeit und Gegenöffentlichkeit im Internet, Westdeutscher Verlag, Wiesbaden 2001, S.71.

die Fähigkeit zu hören und die Informationen anzunehmen, was jedem nicht behindertem Menschen zur Verfügung steht. Die Gefahr der Ausschließung gewisser Bevölkerungsgruppen könnte zur „Vorspiegelung des Potenziales für gesellschaftliche Rationalisierung- und des Demokratisierungsprozesses" führen.[40]

7. Fazit

Abschließend lässt sich sagen, das Internet hat Veränderungen für die politische Partizipation gebracht. Ob man von einer Steigerung sprechen kann, liegt am Standpunkt. Meiner Meinung nach ist es lediglich ein Katalysator - ein beschleuniger für politische Prozesse. Auch schon vor 100 Jahren haben es die Menschen geschafft Proteste zu organisieren. Das Internet hilft jedoch auch eine größere Masse zu mobilisieren. Außerdem führt es zu einem direkten Austausch von Bürgern und Repräsentanten. Die Gefahr besteht jedoch darin, unpersönlicher zu werden. Jeder sitzt alleine zu Hause und kommuniziert so mit den Menschen. Das persönliche "Händeschütteln" fällt weg. Jedoch ist dies ein generelles Problem der medialen Vernetzung.

Wagt man einen Blick in die Zukunft, kann ich mir gut vorstellen, dass wir in einigen Jahren von einer E-Demokratie in Deutschland reden können. Die Voraussetzungen sind gegeben, man muss aufpassen, dass es nicht zu einem *digital gap* kommt.

Die Bürger verstehen auch heutzutage wie man partizipiert. Die Landtageswahl 2011 in Rheinland-Pfalz und Baden-Württemberg brachte einen Kurswechsel in Bezug auf die Atompolitik in Deutschland, durch eine reine Wahl der Repräsentanten.[41] Glauben die Bürger daran wirklich etwas zu bewegen zu können oder zu wollen, versuchen sie es.

---

[40] Vgl. Ebd. S.162-163
[41] Vgl.Kade, Claudia: Wahl-GAU für Merkel - Grüne triumphieren, in: Financial Times Deutschland, G+J Wirtschaftsmedien GmBH& Co. KG, Hamburg 28.03.2011, S.1.

8. Literaturverzeichnis

Gabriel, Oscar W.: Politische Partizipation, in: Fuchs, Dieter (Hrsg.); Roller, Edeltraud: Lexikon Politik. Hundert Grundbegriffe, PhilippReclam jun. GmBH& CO KG, Stuttgart 2009, S.224-226.

Jansen, Daniel; Plake, Klaus; Schumacher, Birgit: Öffentlichkeit und Gegenöffentlichkeit im Internet, Westdeutscher Verlag, Wiesbaden 2001.

Kade, Claudia: Wahl-GAU für Merkel - Grüne triumphieren, in: Financial Times Deutschland, G+J Wirtschaftsmedien GmBH& Co. KG, Hamburg 28.03.2011, S.1.

Langhans, Ingo; Prochnow, Stefan: Demokratie und sozialer Rechtsstaat, Ernst Klett Verlag, Stuttgart 2010.

Möller, Erik: Die heimliche Medienrevolution. Wie Weblogs, Wikis und freie Software die Welt verändern, Heise Zeitschriften Verlag GmbH & Co KG, Hannover 2006 (2.Auflage).

Neuberger, Christoph; Nuernbergk, Christian; Rischke, Melanie (Hrsg.): Journalismus im Internet. Profession - Partizipation - Technisierung, VS Verlag für Sozialwissenschaften, Wiesbaden 2009.

Zittel, Thomas: Partizipative Demokratie, in: Fuchs, Dieter (Hrsg.); Roller, Edeltraud: Lexikon Politik. Hundert Grundbegriffe, PhilippReclam jun. GmBH& CO KG, Stuttgart 2009, S.202-205.

Internet:

ard-zdf-onlinestudie.de: Genutzte Onlineinhalte 2005 bis 2010, URL:
http://www.ard-zdf-onlinestudie.de/index.php?id=onlinenutzunginhalt (Stand:
2010, Abfrage: 26.03.2011 MEZ 17.29).

Bieber, Christoph: "Entdecke die Möglichkeiten." E-Partizipation: Mitmach-
Politik im Internet?, politik-digital.de, URL: http://politik-
digital.de/archiv/edemocracy/e-partizipation.shtml (Stand: 2010, Abfrage:
26.02.2011 MEZ 20.03).

Bundeszentrale für politische Bildung: Lexikon. Medien, URL:
http://www.bpb.de/popup/popup_lemmata.html?guid=r009c6 (Stand: 2006,
Abfrage: 27.03.2011, MEZ 13.16).

Bundeszentrale für politische Bildung: Lexikon. Partizipation, URL:
http://www.bpb.de/popup/popup_lemmata.html?guid=XV4ZZA (Stand: 2006,
Abfrage: 25.03.2011, MEZ 22.04).

Ein Online-Internet-Kurs mit Glossar: Internet-Historie, URL:
http://www.www-kurs.de/historie.htm (Stand: 02.12.2006, Abfrage:
31.03.2011, MEZ 22.40).

Facebook: Facebook, URL: http://www.facebook.com/facebook?sk=info
(Stand: o.A., Abfrage: 03.04.2011, MEZ 23.33).

heise online, URL: http://www.heise.de/newsticker/meldung/Studie-Fast-50-
Millionen-Internetnutzer-in-Deutschland-1058419.html (Stand: 13.08.2010,
MEZ 11.29, Abfrage: 25.03.2011, MEZ 22.03).

Hoecker, Beate: Mehr Demokratie via Internet?, in: Aus Politik und
Zeitgeschichte, Bundeszentrale für politische Bildung, URL:
http://www.bpb.de/files/51GR9W.pdf (Stand 30.09.2002, Abfrage:
25.03.2011, MEZ: 22.10).

Hoffmann, D.; Kuhn J.: Loveparade: Das Netz trauert und klagt an. Wo die Wut sich Bahn bricht, sueddeutsche.de, URL: http://www.sueddeutsche.de/medien/loveparade-das-netz-trauert-und-klagt-an-wo-die-wut-sich-bahn-bricht-1.981410, (Stand: 29.07.2010, Abfrage: 24.03.2011, MEZ 23.48).

Hvoestädt, Dagmar: Die Internet-Revolution, URL: http://www.bpb.de/themen/72DLZY,0,Die_InternetRevolution.html (Stand. o.A., Abfrage: 26.03.2011, MEZ 11.39).

Kersting, Norbert: Online-Wahlen im internationalen Vergleich, Bundeszentrale für Politische Bildung, URL: htttp://www.bpb.de/publikationen/5T5OEL,0,0,OnlineWahlen_im_internationalen_Vergleich.html (Stand: o.A., Abfrage: 25.03.2011, MEZ 22.30).

Dr. Kurp, Matthias: Zwischenbilanz der Zeitungskrise. Zunehmende Pressekonzentrationen & redaktionelles Outsourcing URL: http://www.medienmaerkte.de/artikel/print/041710_zeitungskonzentration.html (Stand: 17.10.2004, Anfrage: 03.04.2011, MEZ 16:56).

Lebensverdienst.de: Foren und Chats, URL: http://www.lebensverdienst.de/foren/ (Stand: o.A., Abfrage: 03.04.2011, MEZ 13.58).

merkur-online.de: Facebook: Guttenberg-Fans starten Protest, URL: http://www.merkur-online.de/nachrichten/politik/facebook-guttenberg-fans-rufen-demos-1144811.html (Stand: 02.03.2011, Abfrage: 03.04.2011, MEZ 16.03).

n-tv: Revolution in 140 Zeichen: Twitter wird fünf, URL: http://www.n-tv.de/ticker/Computer/Revolution-in-140-ZeichenTwitter-wird-fuenf-article2887341.html (Stand: 18.03.2011, Abfrage: 25.03.2011, MEZ 16.55).

von Rohr, Mathieu: Die Revolution, die keine war, Spiegel Online Netzwelt, URL:http://www.spiegel.de/spiegel/0,1518,742430-3,00.html (Stand: 31.01.2011, Anfrage: 20.03.2011, MEZ 14.28).

Rödiger, Björn: ,,Politikverdrossenheit´´ - Definition, Erscheinungsformen und Operationalisierung., URL: http://www.eilfort.de/downloads/FB_WS2004_Paper_Operationalisierung_Pol itikverdrossenheit.doc, (Stand: 09.01.2004, Abfrage 24.03.2011, MEZ 21.29 Uhr).

Schenkel, Christian: Online-Wahlkampf in den USA: Obama setzt neue Massstäbe, dialogische kommunikation, URL: http://www.dialogische-kommunikation.ch/online-wahlkampf-in-den-usa-obama-setzt-neue-massstabe/ (Stand: 30. Juli 2008, Abfrage: 31.03.2011 , MEZ 15.23).

seo-united.de: Internet, URL: http://www.seo-united.de/glossar/internet/ (Stand: o.A., Abfrage: 31.03.2011, MEZ 22.21).

Wegweiser-bürgergesellschaft.de: Internetwahlen und – Abstimmungen, URL: http://www.buergergesellschaft.de/politische-teilhabe/elektronische-demokratie/internetwahlen/103398/ (Stand: o.A., Abfrage: 28.02.2011, MEZ 16.00).

Abbildungen:

Abbildung 1

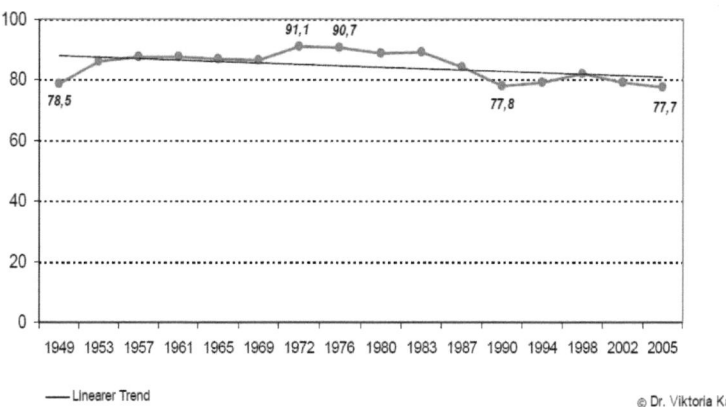

Quelle:

Dr. Kaina, Viktoria, Viktoria Kainas Homepage, www.viktoriakaina.de/Bundestagswahlen_Grafik_2.pfd, (Stand: 25.02.2011, Abfrage: 25.03.11, MEZ 22.54 Uhr).